BEI GRIN MACHT SICH IHR WISSEN BEZAHLT

- Wir veröffentlichen Ihre Hausarbeit, Bachelor- und Masterarbeit

- Ihr eigenes eBook und Buch - weltweit in allen wichtigen Shops

- Verdienen Sie an jedem Verkauf

Jetzt bei www.GRIN.com hochladen und kostenlos publizieren

Bibliografische Information der Deutschen Nationalbibliothek:

Die Deutsche Bibliothek verzeichnet diese Publikation in der Deutschen National-
bibliografie; detaillierte bibliografische Daten sind im Internet über http://dnb.d-
nb.de/ abrufbar.

Dieses Werk sowie alle darin enthaltenen einzelnen Beiträge und Abbildungen
sind urheberrechtlich geschützt. Jede Verwertung, die nicht ausdrücklich vom
Urheberrechtsschutz zugelassen ist, bedarf der vorherigen Zustimmung des Verla-
ges. Das gilt insbesondere für Vervielfältigungen, Bearbeitungen, Übersetzungen,
Mikroverfilmungen, Auswertungen durch Datenbanken und für die Einspeicherung
und Verarbeitung in elektronische Systeme. Alle Rechte, auch die des auszugsweisen
Nachdrucks, der fotomechanischen Wiedergabe (einschließlich Mikrokopie) sowie
der Auswertung durch Datenbanken oder ähnliche Einrichtungen, vorbehalten.

Impressum:

Copyright © 2005 GRIN Verlag, Open Publishing GmbH
Druck und Bindung: Books on Demand GmbH, Norderstedt Germany
ISBN: 9783640518340

Dieses Buch bei GRIN:

http://www.grin.com/de/e-book/143289/sportliche-aktivitaet-und-hypertonie-
pathophysiologische-grundlagen

Sandro Strebe

Sportliche Aktivität und Hypertonie - Pathophysiologische Grundlagen

GRIN Verlag

GRIN - Your knowledge has value

Der GRIN Verlag publiziert seit 1998 wissenschaftliche Arbeiten von Studenten, Hochschullehrern und anderen Akademikern als eBook und gedrucktes Buch. Die Verlagswebsite www.grin.com ist die ideale Plattform zur Veröffentlichung von Hausarbeiten, Abschlussarbeiten, wissenschaftlichen Aufsätzen, Dissertationen und Fachbüchern.

Besuchen Sie uns im Internet:

http://www.grin.com/

http://www.facebook.com/grincom

http://www.twitter.com/grin_com

Lehrstuhl für Sportmedizin
Professur für Sportmedizin
Sportzentrum der Universität Gießen

J.-L.-U. Gießen FB 06
Institut für Sportwissenschaft

Ausarbeitung zum Referat

„Sportliche Aktivität und Hypertonie –
Teil 1 : Pathophysiologische Grundlagen"

Sportmedizinisches Seminar:
Sportmedizinische Prävention, Therapie und
Rehabilitation bei inneren Erkrankungen

Erarbeitet: Dezember 2005
Referent :Sandro Strebe

Inhaltsverzeichnis

1. Summary

The aim of this paper is to inform about the basics of hypertension, as well as the risk to get ill on it. It is a vascular disease, which is clearly rising in the society of the industrial nations. This cardiovaskulär disease is often unnoticed. One reason for that is the fact that it doesn't hurt. That makes hypertension so dangerous. In course of this paper it is informed about the classification of hypertonie, the influence of blood pressure, the spreading of hypertension, the risk factors and possible complaints.

2. Einleitung

Der Bluthochdruck ist in Deutschland die häufigste zum Tode führende Einzeler-Krankung (*Statistisches Bundesamt 2005*). Sie ist gleichermaßen für die Entstehung von Schlaganfall als auch von Herzinfarkt mitverantwortlich. Vor diesem Hintergrund ist es eindeutig, dass die AHT (arterielle Hypertonie) oftmals als „Man-Killer-Number-One" bezeichnet wird. Kardiovaskuläre Erkrankungen gehören mit rund 47% der Todesfälle in Deutschland (*Statistisches Bundesamt 2001*) zu den häufigsten Todesursachen. In diesem Zusammenhang ist es nötig zu erwähnen, dass gerade die AHT einen entscheidenden Einfluss auf Herz-Kreislauferkrankungen wie z.B. Myokardinfarkt, Herzinsuffizienz und Krankheiten des cerebrovaskulären Systems hat. Im Gegensatz zu vielen anderen Risikofaktoren kann eine Hypertonie durch nicht- invasive, wenig belastende und in der Praxis fast überall verfügbare Verfahren festgestellt werden. Des weiteren ist die Erhöhung des Blutdrucks im allgemeinen reversibel und durch geeignete nicht-medikamentöse sowie medikamentöse Maßnahmen zu senken. Die gefürchteten Folgen und Komplikationen der arteriellen Hypertonie können so, durch die blutdrucksenkenden Maßnahmen, effektiv reduziert werden. In Vorbereitung auf die uns gestellte Arbeit konnte man beim lesen versch.

Fachliteratur erkennen, dass es in den letzten rund zehn Jahren, einen Wandel, insbesondere in der Therapie von AHT, gegeben hat. So ist man z.b. heute mehrheitlich der Auffassung, dass sportliche Aktivität einen entscheidenden Beitrag zur Therapie leistet. Sportliche Aktivität spielt aber auch eine wichtige Rolle in Bezug auf die Prävention von AHT.

In dieser Arbeit sollen grundlegende Kenntnisse bezüglich der Hypertonie, seiner Risikofaktoren, aber auch der Therapie und Prävention deutlich werden.

3. Allgemeines

Blutdruck ist nötig um Nährstoffe, insbesondere Sauerstoff und energiereiche Phosphate, zu den Geweben und Organen zu transportieren. Er ist somit abhängig vom Widerstand der Gefäße, der Stärke der Herztätigkeit und der Blutviskosität. Man unterscheidet im Wesentlichen zwei verschiedene arterielle Gefäßwände. Elastische Arterienwände befinden sich herznah, z.B. die Aorta. Die vom Herzen erzeugte pulsatorische Strömung wird durch die Speicherung von Druck – Volumen – Energie in den Herznahen Arterien vom elastischen Typ in eine kontinuierliche Strömung gewandelt. Somit bleibt der Blutdruck auch während der Diastole des Herzens auf einem hohen Niveau. Die vom Herzen aufzubringende Beschleunigungsarbeit wird dadurch herabgesetzt und führt somit zur Ökonomisierung der Herzarbeit. Man nennt diesen Mechanismus auch hämodynamische (*Windkessel*) – Funktion. Vor allem die mittleren und kleineren Arterien des Körperkreislaufes gehören dem muskulären Typus an. Hier ist diese eben erwähnte Elastizität nicht mehr in dem Umfang gegeben. Im Verlauf von Arterien zu Kapillaren sinkt der einzelne Gefäßdurchschnitt, es steigt jedoch der Gesamtdurchschnitt.

4. Regulation des Blutdrucks

Das Blutdruckgeschehen unseres Körpers wird im wesendlichen durch die Stellglieder des Renin – Angiotensin - Aldosteron-Systems (RAAS) und des sympathischen Nervensystems (SNS) bestimmt. Man kann also vereinfacht sagen, dass Faktoren wie z.b. Tageszeit, physischer/psychischer Stress, Alter und Trainingszustand einen Einfluss auf unseren Blutdruck haben. Im Verlauf des Tages passt sich der Blutdruck der jeweiligen Aktivität an. So sinkt er in der Regel abends und steigt in den frühen Morgenstunden. In der Nacht (gegen drei Uhr) sinkt er sogar um 10 % - 15 % ab (*„Kann körperliches Training den Blutdruck senken?", Univ.-Prof. Dr. med. Wilfried Kindermann, Cardiovasc,2003)*. Stehen wir unter psychischer Belastung steigt der Blutdruck, ähnlich ist es bei physischer Belastung[1]. Ein Grund dafür ist die Aktivierung des SNS (*Journal für Hypertonie 2004; 8 (Sonderheft 2), 13-16*). Ein weiterer Faktor für den Blutdruck und deren Verhalten ist das Alter. In der Regel steigt im Alter der Blutdruck, was im wesendlichen mit dem Elastizitätsverlust der Gefäße zu begründen ist (*Journal für Hypertonie 2004; 8 (2), 12-16*). Aber auch der Trainingszustand ist ausschlaggebend. Dabei ist zu beachten, in wie weit das kardiovaskuläres System an körperliche Aktivität angepasst ist (z.B. Ökonomisierung der Herzarbeit) oder in wie weit das Gefäßsystem kapillarisiert ist. Man kann verallgemeinert sagen, dass der Blutdruck von der Stärke der Herztätigkeit, dem Widerstand in den Gefäßen und der Blutviskosität abhängt. Es gibt also eine Fülle von Einflussfaktoren auf unseren Blutdruck und nicht immer ist er mit einem einzelnen Faktor zu begründen.

---

[1] Siehe Anlage 2

5. Klassifikation der Hypertonie

Wurde eine arterielle Hypertonie festgestellt, so stellt sich die Frage nach der Ursache. Bei rund 90% der Erkrankten liegt eine primäre (essenzielle) Hypertonie vor. Hier spielt die Familienanamnese eine wichtige Rolle. Der Grund ist also eine erbliche Bedingung. Zusätzlich kommen noch Risikofaktoren, u.a. Diabetes Mellitus, Rauchen, Hypercholesterinämie, Adipositas und Bewegungsmangel, hinzu. Eine Vermeidung dieser Faktoren schützt nicht gänzlich vor der Erkrankung an Hypertonie, es kann sie jedoch hinauszögern oder abschwächen. In der zweiten Klassifikation, der sekundären Hypertonie, ist die Ursache organisch. So können Nierenkrankheiten (renaler Hochdruck), Schwangerschaft und Hormonstörungen zu AHT führen. Hypertonie mit organischer Ursache ist jedoch nur bei ca. fünf bis zehn Prozent der Erkrankten zu verzeichnen. (*Thamm M.: Blutdruck in Deutschland – Zustandsbeschreibung und Trends. Gesundheitswesen 1999; 61: S 90-S 93*)

6. Grade der Erkrankung

Wie bei fast allen Krankheiten kann man auch die AHT in verschiedene Stadien einteilen. Ein optimaler Blutdruck liegt bei 120/80 mm/Hg. Demnach ein normaler bei 130/85 mm/Hg und zu hoher bei Werten darüber. Man unterscheidet hier unter Noch normal, H.- Stadium 1, H.- Stadium 2 und in isolierte systolische Hypertonie auf die in dieser Arbeit nicht näher eingegangen wird.

Tabelle 1: Einteilung des Blutdruckes

Ideal	< 120/80 mmHg
Normal	≥ 120–129 / 80–84 mmHg
Noch normal	≥ 130–139 / 85–89 mmHg
Hypertonie-Stadium 1	≥ 140–179 / 90–109 mmHg
Hypertonie-Stadium 2	≥ 180 / 110 mmHg
Isolierte systolische Hypertonie	≥ 140 / < 90 mmHg

Abbildung 1
Quelle: Klassifikation, Diagnostik und Therapie der Hypertonie 2004 - Empfehlungen der Österreichischen Gesellschaft für Hypertensiologie, Journal für Hypertonie 2004; 8 (1), 7-11

Erwähnenswert ist hierbei, dass es abweichende Einteilungen der Hypertonie von verschiedenen Institutionen gibt. Mit dem Grad der Erkrankung steigt das Risiko, ein kardiovaskuläres Ereignis (z.B. Myokardinfarkt, Schlaganfall, periphere Durchblutungsstörungen, Nierenschäden, usw.) zu erleiden. Es besteht somit ein enger Zusammenhang zwischen Grad der Hypertonie und der Prävalenz von Folgeerkrankungen. Das mit steigenden Blutdruckwerten verbundene kardiovaskuläre Risiko nimmt graduell zu. (*Die hypertensive Krise, Journal für Hypertonie 2005; 9 (3), 21-24*)

7. Warum ist Hypertonie so gefährlich?

Die Gefährlichkeit von AHT ist unumstritten. Sie nimmt einen hohen Stellenwert ein, da sie bei vielen kardiovaskulären Erkrankungen eine entscheidende Rolle spielt. Somit trägt z.b. AHT wesentlich zur Herzinsuffizienz in Folge der metabolischen Belastung in der Systole bei. Doch was geschieht bei einer vorliegenden Hypertonie? Wegen der permanent hohen Druckbelastung im Hochdrucksystem des Körpers verlieren die Gefäße im Laufe der Zeit an Elastizität und werden somit starrer. Die Folge ist eine Verengung. Das Herz muss mehr leisten (Druckarbeit) und wird somit früher insuffizient. Hoher Druck kann auch zu Schädigungen an Endorganen (z.B. Niere, Auge, Gehirn) führen (siehe Abbildung 2). Am gefährlichsten ist jedoch die Tatsache, dass AHT in den meisten Fällen nicht direkt bemerkt wird, da sie keine Schmerzen oder nur selten Symptome zeigt. Durch AHT entstandenes Kopfdrücken oder gelegentliches Nasenbluten wird häufig nicht in Verbindung mit AHT gebracht.

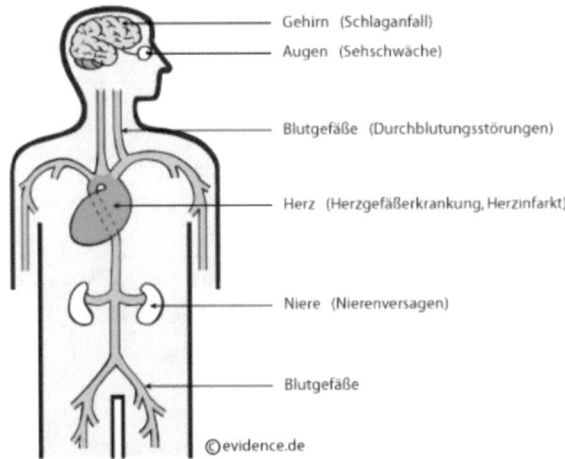

Abbildung 2: Organschädigung
Quelle: www.evidence.de (Zugriff: 12.9.2005)

8. Verbreitung

Auf Grund der Tatsache, dass AHT in vielen Fällen nicht erkannt wird, ist es schwierig genaue Aussagen bezüglich der Verbreitung zu treffen. So geben manche Quellen an, dass in Deutschland ca. 27 Mio. Menschen an AHT erkrankt sind, 14 Mio. therapiert und ca. 4,5 Mio. kontrolliert sind (*Thamm M.: Blutdruck in Deutschland – Zustandsbeschreibung und Trends. Gesundheitswesen 1999; 61: S 90-S 93*). Einig ist man sich jedoch darüber, dass die Mehrzahl an AHT erkrankter Menschen nicht wissen, dass sie an ihr leiden. Ein weiters Problem ist die Therapie. Nur in wenigen Fällen führt sie zum Erfolg (dazu mehr in Teil 2: Therapie und Prävention durch sportliche Aktivität). Weitere Faktoren sind das Alter und das Geschlecht. Warum das Geschlecht eine Rolle spielt ist noch nicht ausreichend geklärt. Festzuhalten ist, dass Frauen weit aus weniger an AHT erkranken als Männer. Einige Wissenschaftler führen die präventive Wirkung weiblicher Hormone als Begründung an (*Journal für Hypertonie 2004; 8 (Sonderheft 1), 4-7*). Beim Alter ist die Begründung eindeutiger. Die im Alter zunehmenden Verschleißerscheinungen führen zu Flexibilitätsverlust der

Gefäße (z.B. Funktionsverlust der Windkesselfunktion) und somit zum Blutdruckan-
stieg. Ein wesendliches Ziel muss es sein, AHT früher zu erkennen, ihr präventiv
Vorzubeugen und sie besser zu Therapieren.

9. Risikofaktoren

Um der Krankheit vorzubeugen bzw. sie in Ihren Auswirkungen zu mindern, ist es
wichtig verschiedene Risikofaktoren zu kennen. Einer dieser Faktoren ist das in den
Industriestaaten verbreitete metabolische Syndrom. Dieses wird auch oft als „Tödli-
ches Quartett" bezeichnet. (*Toplak, H.: Das Metabolische Syndrom - Beginn des
"Tödlichen Quartetts"?*, Journal für Kardiologie 2005; 12 (Supplementum C), S. 6-7)
Mit ihr einhergehen Insulinresistenz, Übergewicht und Hypertonie. Diese Faktoren
wirken auf verschiedene Weise. Ein zu hoher Blutzuckerspiegel erhöht die Wahr-
scheinlichkeit, dass Gefäßwände geschädigt werden, zu hohe Blutfettwerte in Folge
von Übergewicht fördern die Bildung von Plaques und somit Arteriosklerose - auch
die Blutviskosität nimmt dabei zu. Weitere Risikofaktoren sind das Rauchen sowie
der erhöhte Kochsalzverzehr. Rauchen erhöht in Folge der Aktivierung des Sympa-
thikus, weg vom Vagus, den Blutdruck und schädigt Gefäße. Der empfohlene Kochsalzverzehr von max. 6 g/Tag (*Verwendung von Mineralstoffen in Lebensmitteln,
Bundesinstitut für Risikobewertung. (BfR-Wissenschaft 04/2004). Berlin 2004. S 30*)
wird häufig überschritten. In der Folge kann es zu erhöhtem Blutdruck kommen. Die
Ursachen dafür liegen im Reninzyklus der Niere. Kochsalz fördert die Ausschüttung
des Enzyms – der Blutdruck steigt. Es hat sich als sinnvoll erwiesen, einen ganzheit-
lichen Ansatz zu verfolgen und nicht einzelne Faktoren zu beeinflussen. Wichtig ist
es, eine Änderung des Lebensstils zu erreichen.[2]

---

[2] Siehe Anlage 1

10. Mögliche Beschwerden

Insbesondere in fortgeschritteneren Stadien der AHT kann es vermehrt zu Beschwerden bzw. Symptomen kommen. Verbreitet sind dabei z.b. Druckkopfschmerz, Nasenbluten, Schwindelgefühl, Sehstörungen Beklemmungsgefühle. Erst die geschädigten Organe senden erste Warnhinweise. Alle diese Beschwerden können Zeichen für mögliche Organschäden sein. Diese sollten durch regelmäßige Blutdruckkontrollen und die dadurch mögliche Erkennung und Behandlung von AHT verhindert werden. Eine gute, disziplinierte Behandlung kann das Voranschreiten der Organschäden stoppen.

Literaturverzeichnis

- DeMareés, Horst (2003): Sportphysiologie. 9. Auflage. Bochum: Sport & Buch Strauß.

- Dickhuth, Hans-Hermann (2000): Einführung in die Sport- und Leistungsmedizin. Schorndorf: Verlag Karl Hofmann (Band 16).

- Negri, Marcello (2002): Physiologie des Menschen. Marburg: Kaiser Verlag (Wissen heute).

- Hollmann, Woldor (1990): Sportmedizin. Arbeits und Trainingsgrundlagen. 3. Auflage. New York: Schattauer.

- Jecklin, Erica (2002): Arbeitsbuch Anatomie und Physiologie. Für Pflege- und andere Gesundheitsberufe. 11.Auflage. München/Jena: Urban & Fischer

Internetquellen:

- **„Cardiovasc – Interdiziplinäre Fortbildungszeitschrift"**
www.cardiovasc.de/hefte/2003/04/34.htm   *(Stand: 27.10.2005)*

- **„Journal für Hypertonie"** (1997-2005),www.kup.at *(Stand: 27.10.2005)*

- **Statistisches Bundesamt** (2005),www.destatis.de *(Stand: 27.10.2005)*

- **Verwendung von Mineralstoffen in Lebensmitteln,** Bundesinstitut für Risikobewertung. (BfR - Wissenschaft 04/2004). Berlin 2004. S 30, www.BFR.Bund.de *(Stand: 17.11.2005)*

- Thamm M.: **Blutdruck in Deutschland – Zustandsbeschreibung und Trends**. Gesundheitswesen 1999; 61: S 90-S 93, http://www.kup.at/journals/abbildungen/gross/1350.html
(Stand 11.12.2005)

Anlage 1

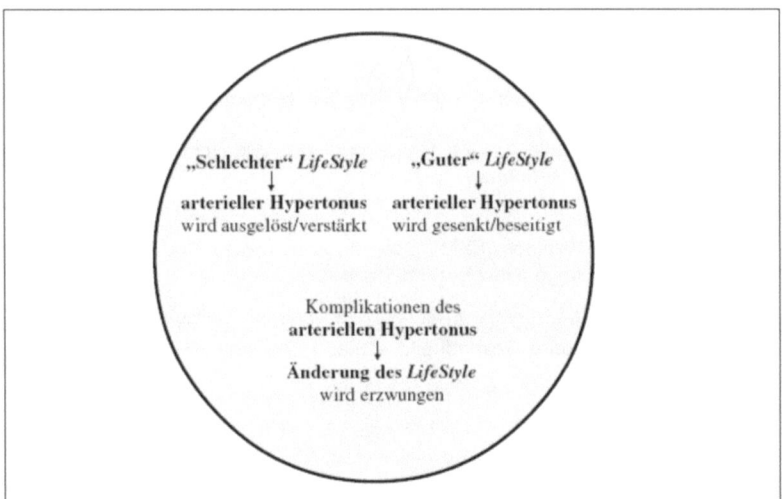

Abbildung 1: „Trias" der Zusammenhänge zwischen *LifeStyle* und arteriellem Hypertonus

1.) Ein „schlechter"/„falscher" LifeStyle kann arteriellen Hypertonus auslösen bzw. verstärken. Dadurch bietet sich bereits hier die Möglichkeit, durch entsprechende LifeStyle-Modifikation eine effiziente Primärprävention zu betreiben.

2.) Ein bereits bestehender erhöhter Blutdruck kann durch „guten"/„richtigen" LifeStyle deutlich gesenkt, in manchen Fällen ein arterieller Hypertonus sogar gänzlich beseitigt werden. Damit bietet sich hier die Möglichkeit, eine Änderung des LifeStyle gezielt als nicht-medikamentöse Therapie des arteriellen Hypertonus einzusetzen.
.
3.) Bekannte Komplikationen des arteriellen Hypertonus – vor allem Insult, Herzinsuffizienz, Myokardinfarkt, Niereninsuffizienz, paVK, Retinopathie, Demenz – können, wenn sie nicht rechtzeitig verhindert werden, den Patienten letztlich dazu zwingen, seinen LifeStyle zu ändern, dann jedoch ohne zu „fragen", ob er „will oder nicht." Ist man einmal an diesem Punkt angelangt, ist LifeStyle-Modifikation zwar vor allem im Sinne von Sekundärprävention weiterhin sinnvoll, kommt hier jedoch bereits weitgehend „zu spät."

Primäres Ziel muss daher vor allem die Verhinderung der unter Punkt 3 genannten Folgen des arteriellen Hypertonus sein, die in den meisten Fällen irreversibel sind. Die folgende Übersicht beschäftigt sich mit den wichtigsten

Tabelle 1: Möglichkeiten nicht-medikamentöser Therapie der Hypertonie und damit erreichbare Blutdruck-Senkung

Nicht-medikamentöse Maßnahme	Erreichbare Blutdruck-Senkung
Körpergewichts-Reduktion	5–20 mmHg / 10 kg KG
Ballaststoffreiche + fettarme Diät	8–14 mmHg
Körperliche Aktivität	4–9 mmHg
Kochsalz-Reduktion	2–8 mmHg
Reduktion des Alkoholkonsums	2–4 mmHg

(Nichtmedikamentöse Therapie der Hypertonie - LifeStyle-Modifikation Journal für Hypertonie 2004; 8 (1), 20-22)

Anlage 2

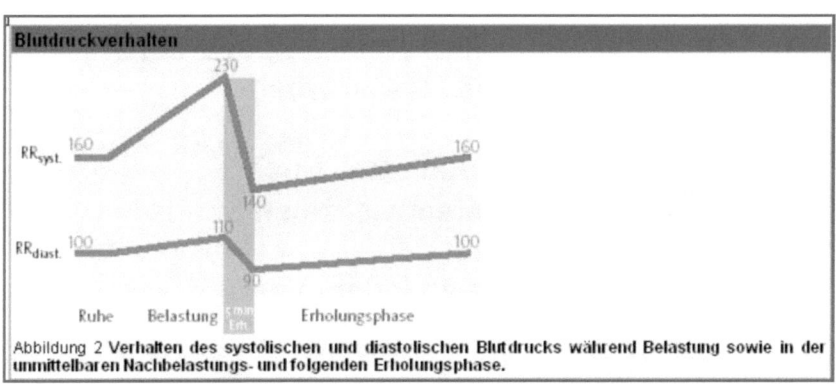

Abbildung 2 **Verhalten des systolischen und diastolischen Blutdrucks während Belastung sowie in der unmittelbaren Nachbelastungs- und folgenden Erholungsphase.**

Quelle: www.cardiovasc.de/hefte/2003/04/34.htm

13